Les femmes du Monde

Races
Coutumes
Moeurs.
Parures.

Fascicule 1

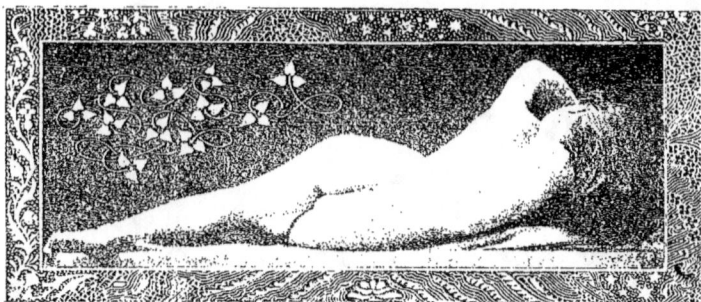

AVANT-PROPOS

Au voyageur, à l'explorateur en mal de confidences quelle question posez-vous la première, en vrai fils d'Adam que vous êtes ? Ne vous est-il pas advenu maintes fois de couper ses exposés commerciaux et ses descriptions pittoresques par votre fatidique : « Et les femmes ? » où se résument à la fois tous vos désirs de connaître et peut-être d'aimer ces Èves des lointains climats ? A cette question nous nous sommes efforcés de répondre, non pas dans le but de flatter quelques sensualités en quête d'aventures, mais en nous plaçant au point de vue ethnologique, religieux et social, en étudiant et cherchant à décrire le rôle de la femme dans les milieux humains les plus intéressants. On l'a dit excellemment (1) :
« Quelles que soient les coutumes et les lois d'un pays, les femmes
« y décident des mœurs. Libres ou soumises, elles règnent parce
« qu'elles tiennent leur pouvoir de nos passions. Qu'elles soient
« nos idoles ou nos compagnes, des courtisanes, des esclaves ou
« des bêtes de somme, la réaction est complète, elles nous font ce

1 Aimé Martin

« qu'elles sont. Il semble que la nature attache notre intelligence à
« leur dignité comme nous attachons notre bonheur à leur vertu.
« C'est donc ici une loi d'éternelle justice : l'homme ne saurait
« abaisser les femmes sans tomber dans la dégradation, il ne saurait
« les relever sans devenir meilleur. Il faut que les peuples s'abru-
« tissent dans leurs bras ou se civilisent à leurs pieds »

On peut donc juger d'une société par la place que la femme y
occupe ; à ce titre, un tableau complet du monde féminin serait le plus
fidèle résumé de la vie morale et matérielle des peuples de ce siècle à
son déclin. L'achèvement d'une telle entreprise nous paraît au-dessus
de notre humble effort : nous avons tenté seulement de jeter quelque
lumière sur cet attrayant sujet. Laissant à de plus doctes le soin de
parfaire le tableau, nous avons procédé par rapides esquisses sans
autre prétention que celle de dire la vérité. Ne cherchez pas ici
l'attrait menteur du romanesque ni le clinquant des imaginatives
conceptions ; notre règle fut d'écarter les récits fictifs et de ne compléter nos renseignements qu'en puisant aux sources les plus authen-
tiques et les plus savantes (1), persuadés que le réel, même dépouillé
d'ornements, est capable encore, en instruisant, de plaire et de faire
rêver. Comment d'ailleurs demeurer insensible à l'étrange poésie que
dégagent ces innombrables figures de femmes, fleurs disparates,
souvent éclatants et charmeresses, dont la terre est émaillée ?

Qui de nous n'a pris plaisir à feuilleter ces albums où les vues de
toutes les contrées du monde défilent une à une sous les yeux émer-
veillés ? Placez dans ces paysages leurs cadres naturels, les divers
types de toutes les races connues, vous aurez une galerie d'un incom-
parable intérêt, l'album le plus vivant, le plus instructif entre tous.

Ajoutons sans fausse modestie que, par cette revue soigneusement
documentée, nous croyons servir utilement la cause sacrée de la

(1) Mentionnons entre autres les savants travaux de M. de Quatrefages et du Dr Létour-
neau ; la Géographie Universelle d'Élisée Reclus ; le curieux ouvrage de Jules Gourdault
(la Femme dans tous les pays) et les relations si pittoresques du Tour du Monde.

réhabilitation morale de la femme et de l'amélioration de son sort
chez maints peuples où la civilisation naissante ne l'a pas encore
affranchie. Son sort! il n'a cessé de préoccuper les bons esprits de
toutes les époques. A ce souci de justice nous devons bien des pages
éloquentes, entre autres celle-ci d'un contemporain, que nous regrettons
d'abréger ici et qui résume avec rigueur la condition sociale de l'éternelle sacrifiée :

« La femme est le crime de l'homme, dit Eugène Pelletan. Elle
« est sa victime depuis sa sortie de l'Eden. Elle porte encore dans
« sa chair la trace de six mille ans d'injustice.

« Le sauvage, son premier mari, commença par l'aimer à coups
« de poings dans la bruyère...

« Aujourd'hui encore, l'animal à figure humaine de la Polynésie
« attend à l'affût, derrière un buisson, quelque fiancée de passage...

« Mais, plus tard, l'homme n'a pas la même excuse pour la bru-
« talité de son affection. Il est pasteur, il est patriarche...

« Le mari achète troc pour troc la compagne de son sommeil.
« Ma fille vaut tant de boucs et de moutons, » disait le patriarche.
« Les voici », disait l'amant. Et le marché était conclu. »

Et il ajoute, en guise de conclusion :

« La Révolution française surprit la femme dans une condition
« mixte, moitié dépendante, moitié indépendante; et, trop affairée
« d'ailleurs, sans doute, elle ne comprit pas la grandeur de cette
« question, elle en légua du moins la solution à une autre génération
« d'idées... Le progrès ne peut pousser l'homme en avant pour
« laisser la femme en arrière. Il n'est pas ce Troyen distrait qui
« oublie, aux jours des grandes épreuves, sa compagne en chemin. »

Ce que l'écrivain avait prévu est en train peut-être de se réaliser.
La question de la femme, toujours actuelle, l'est aujourd'hui plus

que jamais. Quoi qu'on puisse penser, d'ailleurs, des théories féministes, comment ne pas joindre un personnel hommage à celui de l'élite de nos penseurs, romanciers, psychologues et philosophes qui, de toute leur âme et de tout leur génie, d'accord avec le commun des hommes, saluent dans la femme une de ces divinités intangibles de par le droit impérissable de son amour et de sa beauté ?

Ces pages sont notre tribut modeste d'hommages et de pitiés : nous vous les offrons sans prétention, comme elles sont écrites. Peut-être vos curiosités pourront-elles y trouver leur compte et vos cœurs l'occasion de s'émouvoir ?

Jeune fille Mauresque

(TLEMCEN)

Les Maures forment avec les Arabes et les Israélites les éléments principaux de la population des villes de l'Algérie et de la Tunisie ; malgré certaines ressemblances qui indiquent que la race est mélangée, il ne faut pas les confondre avec les Berbères, habitants des montagnes, improprement désignés sous le nom de Kabyles. A Tlemcen et dans les villages voisins on compte un assez grand nombre de Maures. Les maisons qu'ils habitent, construites en pisé, groupent leurs murs branlants au sud-est de la grande mosquée : presque partout, les intérieurs sont misérables ; une natte sert de lit, un coffre en bois peint (sendouk) renferme les vêtements et le linge, deux ou trois ustensiles de cuisine, des plats en peuplier, un réchaud en terre et c'est tout.

Chez les femmes, les formes sont irréprochables jusqu'à la maternité : leur teint est mat et leurs cheveux sont noirs et crépus. Le costume des Mauresques, comme celui des femmes arabes, ne le cède pas en magnificence à celui des Juives, mais elles ne s'en parent que dans les noces ou dans les visites de cérémonie. Les femmes pauvres empruntent même dans les grandes occasions la

1

défroque de quelque amie mieux nippée, tant la gloriole est innée chez les Orientaux. C'est d'abord la kamiss (chemise) en toile fine à manches de soie brochée d'or, puis l'abaïa (seconde chemise) en soie ou en perse sans manches ; le caftan de velours ou de drap brodé vient ensuite. Une ceinture dorée (hezam) fait deux ou trois fois le tour de la taille que dissimulent les plis du fontha, pièce d'étoffe de soie brochée qui descend jusqu'à mi-jambe. Quand la femme sort de sa maison, toutes ces splendeurs disparaissent sous le haïk de laine blanche qui l'enveloppe des pieds à la tête et ne laisse voir qu'un de ses yeux. Citons parmi les nombreux bijoux dont les Mauresques se couvrent : *ounaiss* pendants d'oreilles, *cheaïra* collier en or formé de diverses pièces réunies entre elles par des charnières et incrustées de pierres de couleur, *assaba* diadème garni de sultanis, *menafekhe* bracelet en or gravé, *houathem* bagues, *kholkhul* anneaux de jambes en or et en argent massif...

C'est un curieux spectacle que de voir aux portes de Tlemcen un défilé de ces femmes au lieu dit le *plateau des femmes sans enfants*. Au milieu d'une allée de gigantesques térébinthes, marchant sur les iris en fleurs, s'avancent de blancs fantômes. Ce sont des femmes arabes ou mauresques qui viennent, en bonnes musulmanes, consulter le marabout et lui demander la fécondité. Beaucoup d'entre elles traînent à leur suite cinq ou six enfants et ne se tiennent pas pour satisfaites, ce qui ne laisse pas de faire honneur à la fois à leurs facultés prolifiques et à leur amour maternel.

Auprès de ce même marabout *des femmes sans enfants*, sur la verte pelouse qui s'étend entre la Koubba de Sidi-Yacoub et celle de son fils Sidi-Touhet, on peut assister à un spectacle bien plus étrange que paraît goûter beaucoup la foule indigène. Au centre de l'assemblée, les Aïssaoua exécutent leurs danses frénétiques : là, au bruit du *tam-tam* et du *ghaïtha* (hautbois) les danseurs exténués agitent leur tête et roulent des yeux hagards tandis que l'assistance

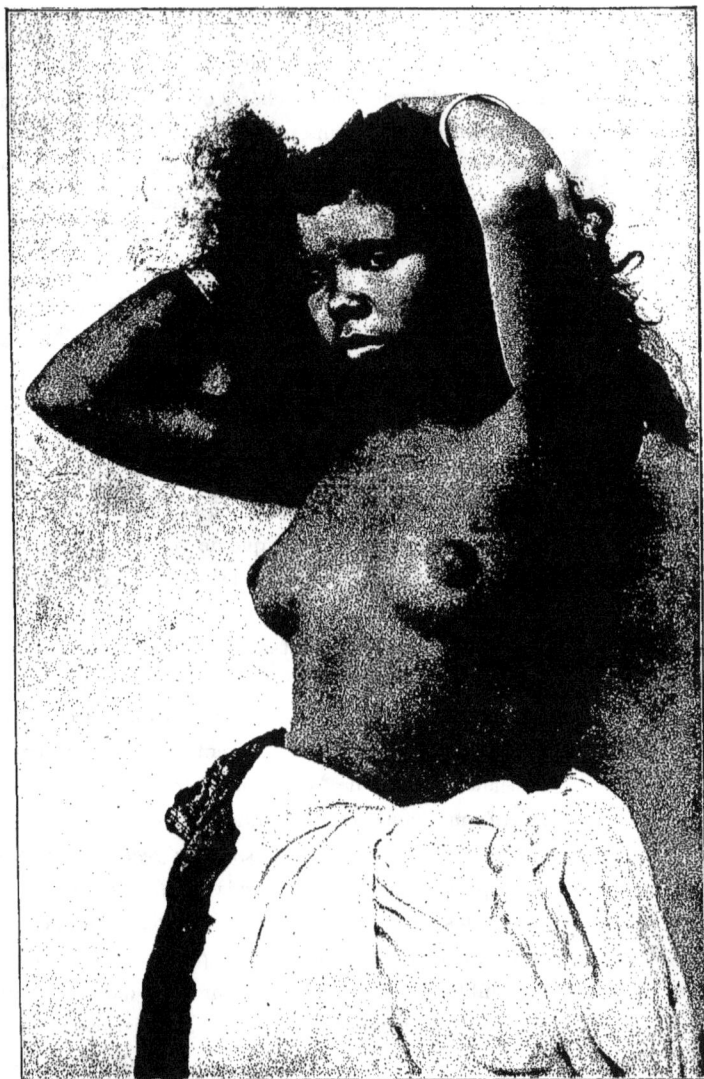

JEUNE FILLE MAURESQUE
(Tlemcen).

partage ce délire et que les femmes poussent de minute en minute ce youyou strident qui ne peut se comparer qu'au sifflet d'une locomotive.

La condition des femmes à Tlemcen et dans les pays environnants se ressent de la moralité. La puberté vient de bonne heure chez elles, puisqu'il n'est pas rare de rencontrer des mères de 10 ou 12 ans. Possédée comme une chose, la femme est vendue par son père, son oncle ou un frère aîné à titre d'objet mobilier. Il y a mieux ou pis : pourvu que le mariage ait été consommé, son mari a, de par la coutume, la faculté de la répudier et, comme il ne détient plus la marchandise, il a dès lors le droit d'en toucher le prix.

Les Femmes au Congo

L E Congo n'est plus ce qu'il était autrefois : un petit pays
enclavé dans les possessions portugaises de la côte occidentale
d'Afrique auprès de l'embouchure du fleuve *Zaïre* ou *Congo*. On
désigne aujourd'hui sous cette appellation l'immense région com-
prise entre les lacs de l'intérieur et les rives de l'Océan. Aux fameuses
explorations de ces derniers temps, nous devons d'être initiés, non
seulement au cours du grand fleuve et de ses affluents, mais encore
aux mœurs si intéressantes des habitants de ce territoire mystérieux.

Un lien commun réunit les familles et les tribus infiniment
diverses qui peuplent le bassin du Congo : toutes se rattachent à la
grande race *bantou*, absolument distincte de la race noire qui occupe
les autres parties de l'Afrique. Sur le cours du bas Congo et dans
le voisinage des rives de l'Océan, les tribus ont subi, pour la
plupart, dans une mesure plus ou moins grande, l'influence européenne, quelques-unes même sont converties au christianisme,
principalement dans les provinces portugaises. Sur le haut Congo,
au contraire, les indigènes n'ont pas modifié leur genre de vie ; ils
nous apparaissent comme ayant gardé leur cachet original de
peuplades primitives dont les traits les plus saillants sont la barbarie
et la superstition. M. Paul Blaise, auquel nous empruntons ces

FEMME DU HAUT CONGO

renseignements, divise dans son livre si documenté *(Le Congo)* les
habitants du Congo en trois grandes classes : les tribus de la côte et
du bas Congo, les tribus vivant sur le territoire français, les tribus
du haut Congo. Les habitants de la côte ou du bas Congo, c'est-
à-dire de la mer à l'équateur sont : les Ba-Congo, les Kabindas ou
Ka-Congo, les Muchirongs et les Bassundi. Ceux du haut Congo
sont les Wabuno, les Wabuma, les Banyalu, les Baroua, les
Yambari; les peuplades qui habitent l'Ourrega, le Manyena et
l'Ourona, connus seulement par les rapports de Stanley et de
Cameron. Dans le Congo français : les Bakalais, les Okandas, les
Batékés, les Bapfourous et les Oubandji.

A part les rares exceptions que nous avons signalées, ces peuplades se ressemblent par leurs coutumes, leurs industries et le fond
de leurs croyances dont nous allons essayer de donner un aperçu.

La population congolaise du littoral est composée des descendants
de l'ancienne tribu des Ba-Congo, autrefois maîtresse du pays,
mais dont l'originalité disparaît tous les jours au contact de la civilisation portugaise. D'humeur pacifique, ils sont restés cependant
pour la plupart adonnés aux sortilèges : ils se tatouent rarement et
commencent même à renoncer à l'habitude de se limer les incisives
de la mâchoire supérieure. En remontant le cours du Congo, on
retrouve, notamment chez les Batékés et les Bassundi, tous les caractères de la véritable *sauvagerie* dont les mœurs sont en quelque
sorte imprégnées. Pas d'autre organisation politique chez ces peuples
qu'une suprématie du chef militaire, tributaire d'un autre chef, qui
prend le titre de roi. Le roi gouverne selon son bon plaisir, en
s'appuyant dans certaines circonstances sur l'autorité d'une sorte de
grand conseil de notables appelé *palabre* et surtout sur celle du
féticheur ou *sorcier*. Le commandant Cameron raconte en ces
termes les faits et gestes de l'un d'entre eux : « Pendant que nous
étions là, dit-il, un féticheur vint dire la bonne aventure aux gens de

la caravane. Il était suivi de quelques individus qui portaient des sonnettes de fer, et qui, de temps à autre, frappaient ces clochettes avec de petits morceaux du même métal. En arrivant, le devin s'assit par terre au milieu de ses sonneurs et commença un chant monotone. Il accompagnait ce récitatif du craquètement d'un double grelot en vannerie, ayant la forme d'un haltère. Les acolytes lui répondaient en chœur et frappaient tantôt sur leurs clochettes, tantôt dans leurs mains, ce qu'ils faisaient en cadence. Le chant s'arrêta et le devin fut prêt à satisfaire ceux qui voudraient l'interroger, pourvu toutefois que la réponse fût payée d'avance. Un panier orné de petites peaux de bêtes était le principal instrument du féticheur : il contenait de petits bonshommes en bois, des coquilles et des paquets d'amulettes. A la première demande qui lui fut adressée, l'homme aux fétiches vida sa corbeille : il choisit parmi les bibelots de l'étalage ceux qui lui parurent appropriés au sujet, les remit dans le panier, imprima à celui-ci un mouvement rapide et, après un examen attentif de l'arrangement qu'avaient pris les brimborions, il donna la réponse à l'anxieuse dupe qui l'attendait. Au tirage des horoscopes notre homme joignait la vente des charmes et des amulettes. La vente fut très active. L'un des talismans les plus demandés était une corne remplie de boue et d'écorce dont l'extrémité inférieure portait trois petits cornillons. »

Ces ministres de la religion ou plutôt de la superstition s'appellent les *Gangas* ou *O'Gangas*. Cette corporation jouit de grandes immunités ; elle est la gardienne des vieilles traditions. Les *Gangas* sont passés maîtres dans la confection des charmes ou *bezoards* qu'ils administrent moyennant finances, pour guérir les maladies ou conjurer les sorts (les plus appréciés de ces *bezoards* sont la cervelle des sangliers et l'estomac des gazelles). Ils rendent parfois la justice, prennent part aux palabres, consultent les augures, etc. A leur tête se trouve une sorte d'évêque appelé *chitomé*. Le

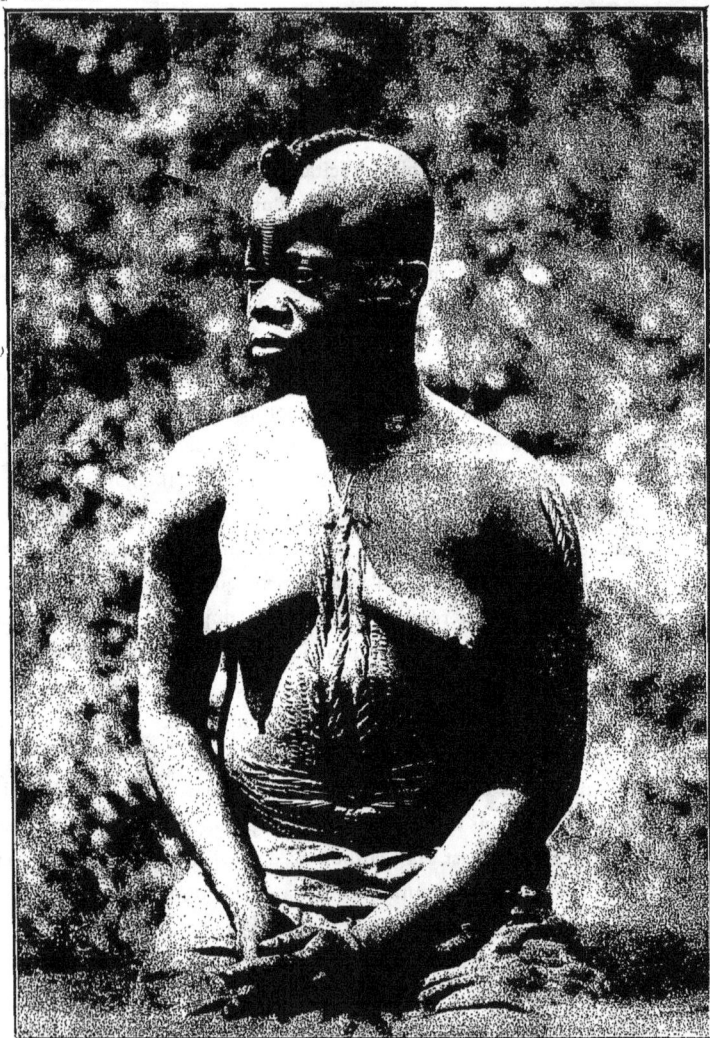

FEMME DE LA TRIBU DE MANYENAS

chitomé ne doit pas mourir de mort naturelle : le *n'gombo*, qui tient le premier rang après lui, se charge de l'étrangler et lui succède : il doit conserver pieusement ses reliques. Le culte des morts est très vivace au Congo, ainsi que dans toute l'Afrique. Lorsqu'un homme meurt, on soumet son cadavre à la crémation à l'exception des mains, on l'enduit de rouge, de jaune et de blanc et on le place dans une fosse creusée sous une hutte. Si c'est un chef, la demeure est ensuite abandonnée; si c'est un simple mortel, ses femmes y restent enfermées pendant cinquante jours, en se livrant à toutes les démonstrations d'une grande douleur.

Arrivons à la condition des femmes : elle est des moins enviables dans ce milieu grossier. On la traite en bête de somme : elle laboure les champs, récolte les produits de la terre, porte les bagages, tresse assez habilement des corbeilles, construit des cages pour la volaille, vaque aux soins du ménage et soigne sa progéniture. Cet état de servage de la femme encourage chez l'homme l'habitude de la polygamie. Plus un Africain de ces contrées possède de femmes, plus il a d'esclaves et il ne se prive pas d'en acquérir autant qu'il lui est nécessaire, le prix d'achat d'une épouse étant des plus modiques. La cérémonie décrite par Cameron, qui en fut le témoin dans le pays d'Ourona, donnera une idée de leurs fêtes conjugales : « Deux tambours battus vigoureusement faisaient tourner une douzaine d'individus; ceux-ci étaient pourvus de grossiers pipeaux d'où ils tiraient des notes discordantes. Une foule enthousiaste joignait à ce charivari des cris perçants, accompagnés de battements de mains et cela ne s'arrêtait pas; quand un danseur était fatigué, un autre prenait sa place. Dans l'après-midi du second jour apparut le marié; il exécuta un cavalier seul qui dura une demi-heure. Au moment où ce solo finissait, une jeune fille de neuf à dix ans, parée de ses plus beaux atours, fut apportée près des danseurs. Cette jeune fille, qui était l'épousée, arrivait à cheval sur les épaules d'une robuste commère où la maintenait une autre femme. On entoura les arrivantes : puis, la porteuse se mettant à bondir, fit sauter la mariée, dont le corps et les bras se laissaient aller à l'abandon. Quand la pauvre enfant eut été suffisamment secouée, l'époux lui donna de petites quantités de perles et des fragments de feuilles de tabac qu'elle jeta, les yeux fermés, parmi les danseurs. Ce fut le signal d'une lutte ardente, chacune de ces bribes devant porter bonheur à celui qui l'obtiendrait. La mariée fut ensuite déposée à terre et dansa pendant dix minutes avec le marié, qui tout à coup la mit sous son bras et l'emporta chez lui. »

Les femmes portent le plus souvent une sorte de jupe faite d'herbes sèches et teinte en brun marron ; dans certaines tribus, celle des Manyenas par exemple, le jupon est remplacé par une ceinture. Dans l'Ourona et le Lovalé, le mari rive au cou de l'épouse un collier de cuivre qu'elle porte jusqu'à sa mort. Un explorateur ayant demandé à un grand chef comment il s'y prenait pour retirer ce collier à la mort d'une de ses femmes, celui-ci passa pour toute réponse son doigt étendu contre son cou, en faisant un geste significatif. On coupe la gorge pour avoir le collier.

Le tatouage est en grand honneur aussi bien chez les hommes que chez les femmes ; celles-ci passent un temps infini à se mettre du blanc, du jaune, du rouge et même du noir ; elles se peignent ainsi tout le corps avec un rouge végétal délayé dans de l'huile de palme ; la plus grosse et la plus reluisante est considérée comme la plus belle. Pour obtenir *la cicatrisation*, on soulève des lambeaux de peau avec la lame d'un couteau, puis on introduit dans la blessure une drogue irritante qui l'empêche de se fermer, afin de conserver une cicatrice plus apparente et plus durable. Une autre grave préoccupation des hommes et des femmes est l'arrangement de leur chevelure. Le prix de l'originalité appartient certainement aux femmes, soit qu'elles piquent dans leurs cheveux des lames de cuivre ou de fer-blanc découpé, soit qu'elles en soutiennent l'édifice avec une carcasse de jonc, soit qu'elles les divisent en une multitude de petits tortillons ou de grosses torsades qui pendent sur leurs joues. Quand elles ont procédé à cet arrangement compliqué, elles ont soin d'enduire l'ensemble d'une couche d'argile lisse et brillante. L'infinie diversité des coiffures et des tatouages atteste un goût individuel très développé et l'éternel souci féminin de la coquetterie chez ces pauvres êtres accablés de travaux manuels et soumis à la plus tyrannique servitude.

Femme de Kachmir

L'INDE est assurément le pays des merveilles ; au fond de ses mystérieuses forêts et dans les eaux calmes de ses fleuves majestueux, les ruines millénaires de ses temples aux idoles pensives et aux animaux fabuleux s'effritent et s'écroulent un peu tous les jours. Des plaines verdoyantes et fleuries, des montagnes couronnées de neige, des lacs nombreux où se reflètent les paysages, tel est l'aspect de cette terre enchanteresse. Mais entre toutes ses contrées, la plus riante est la célèbre vallée de Kachmir, que les poètes hindous et persans ont chantée comme un lieu de délices. Elle est située au seuil septentrional de l'Hindoustan, dans l'angle ouest de l'Himalaya. Les *Kachmiri* ou *Kachouri*, ainsi qu'ils se nomment eux-mêmes, sont peut-être les plus beaux des Hindous : de taille moyenne et bien découplée, ils ont généralement des traits réguliers, un front élevé, la bouche fine, le nez aquilin, les yeux bruns et doux. Quoi qu'en ait dit Jacquemont, les femmes de Kachmir, qui méritent leur réputation de beauté, sont fort nombreuses, elles se distinguent surtout par la noblesse et la pureté des traits qu'elles gardent jusque dans la vieillesse. Leur teint clair tient évidemment à la pureté de la race qui appartient au type arien le plus accompli, autant qu'à sa position géographique dans les hautes terres. Si les paysannes,

" LES FEMMES DU MONDE " Fascicule 1.

FEMME DE KACHMIR
(Inde)

hâlées et brunies par le travail, approchent un peu, comme teint, des femmes du Pendjab, les femmes de la classe aisée, qui sortent peu, paraissent aussi blanches que des Italiennes.

Le goût des bijoux chez les femmes de l'Inde doit dater de plus haut que les *Vedas*, si vénérables que soient ces saints livres. Rien que l'ornementation de l'oreille telle que l'entendent les élégantes est tout un poème de coquetterie laborieuse. Qu'on se figure deux anneaux massifs dont chacun supporte une boucle agrémentée d'appendices aussi pesants que variés. Pour arriver à ce résultat, le lobe de l'oreille doit être non seulement perforé, mais distendu aux limites du possible ; quand la fillette est toute jeune, on lui perce l'oreille et, le trou fait, on y place une feuille raide enroulée sur elle-même qui, par sa tendance à se dérouler, élargit peu à peu l'ouverture. Par la substitution d'une feuille à une autre on obtient de la sorte une baie de trois centimètres environ. Ce n'est donc pas sans douleur que les Hindoues arrivent à parer leur beauté selon le goût du pays.

Les jeunes filles des hautes castes sont mariées de très bonne heure, vers dix ou douze ans ; seulement jusqu'à leur maturité elles restent chez leurs parents. Celles qu'on ne parvient pas à marier toutes jeunes sont réputées déshonorer la famille : autrefois on les sacrifiait à la déesse Koli. Cet abus a pris fin, mais on continue à les regarder comme un objet de honte pour la famille et pour la caste. Plus encore que chez les Musulmans, la polygamie fleurit parmi les Hindous, malgré l'influence anglaise qui n'a réussi qu'à en restreindre les excès. Chacun peut avoir et a autant de femmes qu'il lui plaît. Le grand but de la vie d'un Hindou est d'avoir un fils ; s'il n'en a pas, il peut en adopter un et lui donner sa caste quelle que soit celle d'où l'enfant est sorti. Autrefois il arrivait fréquemment, surtout chez les Radjipoutes qu'on s'efforçait de faire périr les filles dès leur naissance en les privant du sein de leur mère : elles n'étaient guère épargnées que dans les familles où il n'y avait pas d'enfants mâles. Les castes peuvent s'unir entre elles et plus d'un brahme sans fortune a redoré sa pagode en épousant une femme riche et de basse condition. On cite même un de ces prêtres hindous qui avait convolé successivement avec tous les membres femelles d'une famille, vieilles femmes et jeunes filles, tantes, sœurs et cousines. La double influence qu'exercent dans l'Inde les idées civilisatrices des Anglais et des Français a fini par avoir enfin raison de cette coutume barbare de l'immolation volontaire des veuves (satti). On sait qu'il était de tradition que la veuve se jetât dans le bûcher qui consumait les restes de son époux. La malheureuse qui se refusait au supplice avait les cheveux coupés et était pendue par les pieds, le jour de la crémation de son mari.

Groupe de Montagnards

(HINDOUSTAN)

Dans l'Inde, l'invasion aryenne ne détruisit pas les races inférieures, pour la plupart négroïdes ou mogoloïdes qui occupaient antérieurement la contrée. Elle les refoula seulement sur bien des points dans la montagne, d'où leur dénomination de *Pahari* ou *Paharias* (Montagnards) et par abréviation *Parias*. — Les *Montagnards* habitent à l'est et au sud-est de la plaine de Kachmir, le long des rives du fleuve *Tchinab*. Habitués à la rudesse des travaux rustiques, ils sont plus forts et plus résistants à la fatigue que les Hindous du Pendjab auxquels ils ressemblent par leur stature et les traits de leur visage : les dialectes qu'ils parlent sont très mélangés et très différents, puisque d'une vallée à l'autre, il arrive que les habitants ne se comprennent pas. Ces tribus s'occupent en général d'agriculture; celles qui résident dans le Pahar sont sédentaires, ensemencent le sol et recueillent les fruits de leurs vergers; d'autres, tels que les *Gaddi* et les *Goudjar*, sont essentiellement nomades. Ainsi, les *Gaddi* descendent l'été de leurs montagnes et poussent devant eux jusqu'aux confins de la plaine leurs chèvres et leurs brebis; les *Goudjar*, au contraire, quittent à la belle saison les

2

régions basses pour mener paître leurs troupeaux de buffles sur les pentes montagneuses.

Ces îlots ethniques que leur indignité, même au point de vue brahmique a tenus en dehors de la civilisation des conquérants, ont conservé en grande partie leurs mœurs antiques et leurs coutumes matrimoniales sont des plus curieuses. On y voit fleurir la polyandrie qui, dans bien des cas, doit être une forme amoindrie de la promiscuité primitive, L'origine de la polyandrie dans ce pays est rattachée à une fable locale. Le roi Drona donnait un jour dans une fête une joute à l'arc et il offrait au plus habile archer un prix inconnu de tous. Cinq frères, les cinq princes Pandava, convinrent entre eux de partager le prix, si l'un d'eux était vainqueur. Or, l'aîné des princes ayant remporté la victoire, il reçut pour prix de la lutte la fille du roi, la belle Drampadi. En vertu du traité consenti, le prix fut partagé entre les cinq frères.

Quand le frère aîné d'une famille se marie, sa femme devient en même temps l'épouse de ses frères plus jeunes, mais les enfants communs n'en passent pas moins pour les descendants de l'aîné des frères. Il arrive qu'il y a parfois une grande différence d'âge entre les frères d'une même famille ; ainsi, quand cette famille est composée de six frères, les aînés peuvent être déjà des hommes, tandis que les plus jeunes ne sont encore que des enfants. Dans ce dernier cas, les trois frères plus âgés épousent la même femme et les trois plus jeunes se marient avec une autre, mais les deux épouses sont considérées comme appartenant à la communauté des six frères.

Le mariage, dans ces contrées, est donc une simple union animale, entraînant la servitude de la femme. A certaines époques, la femme hindoue est considérée comme impure et souillant même les objets qu'elle touche : elle est soumise à de fréquentes purifications. Les traces d'une opinion analogue se retrouvent d'ailleurs en Europe sous forme de préjugé populaire ; ainsi des marins bretons nous ont affirmé que la boussole ne supportait pas sans s'affoler le voisinage d'une femme en état de menstruation.

La religion de ces peuples n'est pas moins étrange que leurs mœurs. Quelques groupes de Montagnards appartiennent à l'Islam ; au Nord-Est un petit nombre de familles sont restées bouddhistes, mais la grande majorité des tribus se rattache aux cultes hindous, non sans avoir conservé mainte cérémonie des religions antiques.

D'après Frédéric Drew, on trouve encore dans le Padar et sur le haut Tchinab des temples élevés aux *nagdevtas* ou *dieux-serpents*, égaux des autres divinités du panthéon indien. Dans les montagnes de Dragar, situées à l'ouest du Tchinab, les fondeurs de fer n'essayent jamais un fourneau sans élever sur une butte voisine un autel au dieu Dragar pour brûler en son honneur du beurre épuré : ils laissent même sur l'autel les cuillers du sacrifice et l'entourent de tridents de fer et de pierres aux formes bizarres.

2.

Femme Bédouine

LES Bédouins sont des Arabes nomades. En Égypte, en Syrie, en Arabie, ils vivent encore par tribus sous l'autorité patriarcale d'un des leurs, l'ancien ou *chaikh*. Le caractère de l'Arabe nomade est un curieux et indéfinissable mélange d'esprit de rapine et de libéralité, de cruauté et de générosité parfois chevaleresque. Tout en assimilant le guet-apens à la guerre et le vol à main armée à la conquête, il se fait une religion de l'hospitalité. Dans les tribus pauvres, chaque famille reçoit à son tour le voyageur quel que soit son rang ou sa nationalité : dans les grandes tribus il existe une *tente des hôtes*. L'hôte de passage peut rester avec sa suite autant de temps qu'il lui plaît : tous se le disputent et lui prodiguent les plus grands égards.

Ces peuples mènent une vie pastorale et guerrière à la fois, qui rappelle les temps bibliques : la Bédouine est, comme son mari, éprise d'aventures et plus d'une préférerait mourir que renoncer à son indépendante existence en épousant quelque citadin. Dès le matin, le Bédouin enfourche son cheval, qui est pour lui le meilleur des compagnons, le plus fidèle des amis (pendant les expéditions et même en temps ordinaire il le flatte, il le pare, il lui chante parfois ses antiques chants de guerre) ; sa principale occupation consiste à

FEMME BEDOUINE

mener ses troupeaux au pacage, pendant que lui se contente de quelques dattes et de grains de *dourah*. Rentré sous la tente, il fait un repas frugal préparé par sa femme, composé le plus souvent de pain, de lait et de miel, rarement de viandes. Les femmes traient les chamelles et les brebis, moulent la farine avec deux petites meules en pierre et font le pain ; elles tissent aussi des étoffes grossières, des tapis et de la toile pour les tentes.

Pendant les marches, blotties deux à deux dans un panier formé de branches de laurier rose et d'une peau de mouton qu'on fixe sur le dos des chameaux, elles n'interrompent pas leur besogne de ménagère ; à la première halte elles sont prêtes à faire cuire leur pain sur de la cendre chaude, dans un petit fourneau ou sur un âtre chauffé avec du crottin de chameau.

Le fiancé d'une jeune fille verse à sa mère le prix convenu, moyennant quoi il peut à son choix l'épouser ou l'abandonner et, dans ce cas, celle-ci cherche un autre époux. Voici quelles sont, d'ordinaire, les formalités d'un mariage : Le jour de la cérémonie est fixé au cinquième ou sixième jour après les fiançailles (talab). « La veille des noces (talitat), dit M. Jules Gourdault, la jeunesse vient allumer un grand feu et tirer des coups de mousquet devant la tente de la promise, puis les femmes chantent le chant rituel, dont chaque strophe est accompagnée d'un refrain en trémolo (sagronta) dont les li-li-li retentissent au loin sur la steppe et attirent tous les gens des tentes voisines. Bientôt c'est autour du campement de la fiancée un tel charivari de vociférations et de coups de feu, qu'il faut vraiment à la pauvre femme des nerfs à l'épreuve. Pendant ce temps les vieux fument et prennent le café. Le jour des noces proprement dit, dans beaucoup de tribus a lieu en outre une comédie qui ne laisse pas que d'être originale. L'époux enlève de force sa moitié et la conduit, soit chez lui, soit dans une autre tente ou bien encore dans la montagne où elle reste cachée. En revanche, il est aussi de bon ton,

ou que la promise s'échappe du logis conjugal ou qu'elle résiste de son mieux à son futur maître. »

La Bédouine a souvent sa part des dangers et des fatigues de la guerre : deux tribus en venant aux mains amènent quelquefois de part et d'autre sur le champ de bataille une vierge belle jeune, et parée, montée sur une chamelle, et c'est autour de ce palladium vivant que les hommes se font tuer jusqu'au dernier. Si l'*hadijah* (ainsi se nomme la guerrière) vient à être capturée ou trouve la mort au cours de l'action, il en résulte presque toujours une panique chez les siens. On a vu, pendant la guerre soutenue par Mohammed-Ali, une tribu commandée par une femme. Les filles des plus grands chaiks prennent place sur le palanquin de combat et s'en vont à la mort le sourire aux lèvres. Ces mœurs sont bien faites pour exalter jusqu'à l'héroïsme le courage des femmes de cette race si fière.

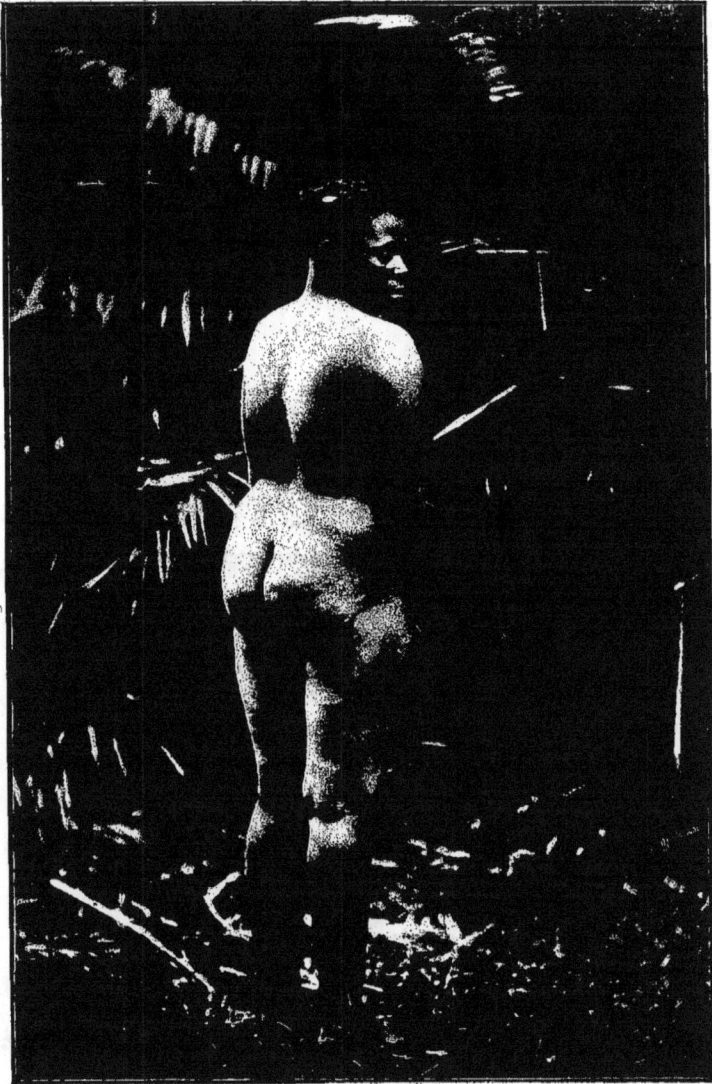

FEMME DU ZOULOULAND

Femme du Zoulouland.

Au nord-est de la colonie anglaise du Cap, séparé de la province du Natal par le fleuve Tugela, s'étend un vaste pays appelé Zoulouland. La grande tribu qui l'habite appartient à la nation des Cafres : identique au point de vue de la race, elle s'en distingue par son esprit belliqueux, sa valeur intellectuelle et son robuste tempérament physique. Les Anglais, inquiets de l'humeur indépendante des Zoulous, entreprirent une expédition contre eux : les phases de cette expédition furent marquées par de sanglants combats. Qui ne se rappelle la fin tragique d'un prince français et les exploits du roi indigène Cettiwayo ? Après avoir tenu longtemps les Anglais en échec, il fut vaincu et fait prisonnier, mais le désastre d'Isandbwana (10 février 1879) où toute une colonne anglaise fut anéantie, décida la Grande-Bretagne à reconnaître l'indépendance du Zoulouland.

La race cafre (en arabe Kafir, infidèle) se distingue du nègre non seulement par l'idiome qu'elle parle mais encore par les traits de sa physionomie. Les caractères généraux communs aux principales tribus cafres sont les suivants : taille élevée et bien prise, peau de couleur plutôt bronzée que noire, cheveux courts, crépus mais non laineux, yeux un peu obliques, nez droit souvent saillant

comme les pommettes et la mâchoire inférieure. Les Cafres sont
hospitaliers mais batailleurs : ils ont souvent des guerres de tribu
à tribu pour se procurer des troupeaux; tous s'enduisent le corps
d'un mélange de graisse et d'ocre rouge. Le dur régime militaire
qui pèse sur les Zoulous, les plus braves des Cafres du Sud,
n'empêche pas chaque individu de jouir d'une certaine liberté. La
polygamie est la base de l'organisation familiale. Comme les céliba-
taires sont seuls admis à faire partie de l'armée, nul homme ne
peut prendre femme sans l'autorisation préalable du chef de sa
tribu. La jeune fille seule n'a pas voix au chapitre : chaque père de
famille étant maître chez lui, il la donne à l'épouseur qui en offre
le prix le plus avantageux. Avant son mariage, elle jouit d'une
grande liberté, même de celle de se montrer toute nue en prenant
part à certaines danses. A propos des danses en usage chez les
Zoulous, mentionnons celles qui étaient exécutées au dire d'un
auteur anglais, par les *trouveurs* et les *trouveuses* de sorciers. Quand
il se produisait quelque événement malheureux, soit chez les Zoulous, soit chez quelque autre peuplade cafre, ce malheur était
immédiatement attribué à l'influence des sorciers. On se préoc-
cupait donc de découvrir les sorciers et les sorcières afin de les
anéantir. Dans ce but, une assemblée générale était convoquée par
ordre du roi. Sous sa présidence se formait un grand cercle de
naturels sur six hommes de profondeur, tous assis par terre, chacun
inquiet et tremblant pour sa vie.

Au centre du cercle, les *trouveuses* ou les *trouveurs* exécutaient
leur danse qui les amenait peu à peu à l'état de véritable frénésie.
A ce moment, ils effleuraient de leur queue de quagga qui l'un qui
l'autre des spectateurs frémissants. A peine le fatal balai avait-il
passé sur la victime qu'elle était saisie, entraînée et massacrée sur
place : non seulement elle mais tous les êtres vivants qui se trou-
vaient dans sa hutte, ses femmes, ses enfants, jusqu'aux chiens et

aux chats. Tout était brisé et anéanti. Quelquefois un kraal (village)
entier était voué à semblable extermination. Cette coutume barbare
et superstitieuse était la plus sûre méthode de satisfaire des vengeances
privées et d'acquitter d'anciennes dettes. La nouvelle Constitution
imposée par la Grande-Bretagne interdit aujourd'hui ces abomi-
nations. Pour donner une idée du costume des femmes, souvent très
sommaire, mais qui n'est pas dénué de toute élégance, décrivons
celui d'une de ces trouveuses de sorciers. Elle portait, à ce qu'on
nous rapporte, un remarquable costume. Des peaux de lynx flot-
taient autour de son corps depuis la ceinture jusqu'aux genoux. Le
buste était couvert de cordelières de dents ou de défenses d'animaux sauvages, de perles de verre, d'écheveaux de fils aux brillantes
couleurs, de lambeaux de peaux de serpent et de franges découpées
dans la toison d'une chèvre d'Angora. Des queues de lynx pendaient
de chaque côté de son visage presque entièrement caché sous une
profusion de plumes de saka-bula. Cet épais et flottant panache
était entremêlé de petits globules et de crocs d'animaux en façon
d'épingles. Toutes ces devineresses portaient leur chevelure forte-
ment tordue avec de la ficelle : teints en rouge foncé, les cheveux
tombaient en frange épaisse autour de leur visage.

Femme Leptcha

(HIMALAYA)

Nous voici au pays de *Sikkim* dans l'Himalaya oriental ; son nom thibétain est *Dingdjing*, son nom gourka, adopté par les écrivains anglais, est *Leptcha*. L'Himalaya est la plus colossale montagne du monde, elle est couronnée de glaciers géants d'où s'épanchent les plus majestueux fleuves de l'Inde : le Gange et le Brahmapoutra, aux rives sacrées. Les pasteurs du Thibet mènent leurs animaux sur les verdoyants pâturages de ses flancs tout ruisselants de cascades, ici sauvages et abrupts, là riants et parés de toutes les splendeurs de la végétation tropicale. Dans la flore hymalayenne on trouve des bahnians, des magnolias, des orchidées, des rhododendrons ; il y a des bambous, des lierres et des plantes grimpantes aux proportions inusitées ; à 2,100 mètres on voit encore sur les monts du Sikkim des palmiers et des bananiers sur les pentes tournées vers le midi. Nulle part peut-être la nature ne s'est montrée à ce point prodigue et variée dans ses aspects.

Les Leptchas, d'après le docteur Campbell, formeraient presque la moitié de la population du Sikkim, qui n'aurait pas dépassé 7,000 habitants, il y a une quarantaine d'années. Ils sont consi-

FEMME DE LEPTCHA

GROUPE DE MONTAGNARDS
(Himalaya)

dérés comme une tribu aborigène ayant dominé autrefois sur une
vaste étendue de montagnes. Aussi haut que l'on puisse remonter,
c'est la première race trouvée au Sikkim. Le Leptcha appartient à la
race mongolique dont il a le type très caractéristique : teint jaune
clair, fossettes écrasées, yeux obliques, bras musculeux, poitrine
large et bien prise, taille assez médiocre, n'excédant pas d'ordinaire
1 mètre 53, chevelure d'un noir foncé, longue, touffue et retombant
en une tresse sur les épaules ; la petitesse de ses mains et de ses
pieds contribue à lui donner l'air efféminé. Le costume du Leptcha
se compose d'une pièce de coton bleu foncé et blanc ou rouge et
blanc que tissent les femmes sur un métier des plus primitifs. Ce
vêtement se croise sur la poitrine et le dos, laissant les bras nus ;
par-dessus est une ceinture ornementée à laquelle est invariable-
ment attaché le redoutable *cookery* (couteau thibétain).

Les femmes portent un costume presque identique si l'on en
excepte la ceinture : on pourra juger par la photographie que nous
donnons de la pureté de leur type. L'homme qui les épouse les
achète, comme il est d'usage dans l'Inde. Dans l'Himalaya thibétain comme dans le Thibet proprement dit, les filles peuvent dis-
poser d'elles à leur gré sans que leur réputation en soit ternie. Un
détail curieux au point de vue de la répartition du travail : pendant
que le mari berce et soigne les enfants, la femme Leptcha se livre
d'ordinaire aux travaux des champs, laboure, ensemence, récolte,
soigne les yacks, les porcs et la volaille.

Parmi les friandises les plus appréciées sur la table du ménage
citons les limaçons, les chenilles, les champignons, les bourgeons
de fleurs, la moelle des fougères arborescentes et surtout le grand
igname appelé *boukh*. Sans être absolument nomades, ces peuplades ne se fixent pas d'une manière définitive sur le sol qu'elles
habitent. Après avoir choisi l'endroit favorable, les Leptchas le
défrichent, le cultivent, et quelques années après, quand le sol est

épuisé, ils ne se donnent pas la peine de l'améliorer, préférant quitter
leurs huttes pour aller à la découverte d'une nouvelle terre qu'ils
feront fructifier. La plupart des Leptchas sont bouddhistes et véné-
rent le lama Thibétain ; ils brûlent et enterrent leur morts indiffé-
remment, quelquefois même ils se contentent de les abandonner
aux vautours, tigres et autres bêtes sauvages qui peuplent la
jungle, ce qui simplifie les funérailles. Comparés aux Hindous,
toujours réservés, méfiants et polis, les joyeux Leptchas, pleins de
confiance et d'abandon, paraissent aux Anglais les plus aimables
compagnons de voyage : aussi ces derniers les emploient-ils souvent
comme porteurs.

La flûte est leur instrument favori et ils en jouent, au dire d'un
voyageur, avec un charme singulier ; enfin, ils n'ont dans leur idiome,
bien différent à cet égard de toutes les langues de l'Inde, aucune
expression injurieuse.

Femme Malinké de Bambouk

(SÉNÉGAL)

L ES *Malinkés* ou *Mali'nkés* sont un peuple du Soudan occidental qui appartient à la grande race mandingue. Ils occupent le Bambouk, le Bafing, le Nourou, le Farimboulu, le Manding, la rive droite du Haut-Niger et les bords de la Gambie. Le nom de *Malinké* qui dans la langue du pays signifie *homme de Mali* ou *de Mali* était leur nom originaire : c'est ainsi qu'ils sont connus dans l'histoire, car l'empire du Mali, dont il ne reste aujourd'hui plus de traces, comprenait le Haut-Niger, les hautes terres du Sénégal et les oasis méridionales du Sahara. Le Bambouk est une contrée depuis longtemps célèbre par ses mines d'or et de fer, généralement saine et fertile, traversée de nombreux cours d'eau et très accidentée, elle produit suffisamment pour sa consommation et pourrait facilement devenir le grenier du haut pays et fournir de riz le Sénégal dont les noirs sont très friands.

La race mandingue a dû subir de nombreux mélanges avec les races voisines et les populations vaincues. Elle n'est donc pas absolument homogène, puisqu'on nous la dépeint tantôt avec des cheveux crépus, mais d'un teint plus clair que le commun des

3

nègres, le nez un peu aquilin, les lèvres minces et le visage presque
ovale, tantôt avec le nez plus large, le visage moins ovale que chez
les autres nègres. Quoi qu'il en soit de ces descriptions vagues ou
contradictoires, la photographie de la femme malinké que nous
reproduisons peut donner au lecteur une idée suffisante du type de
cette famille.

Tous les villages malinkés vivent en république et sont indépen-
dants les uns des autres. Chaque village a un chef dont le pouvoir
se transmet par voie d'hérédité. Les indigènes ne paraissent suivre
aucune espèce de culte. Quand la raison du plus fort ne règle pas
les différends, on en appelle à la justice dont l'organisation est en
progrès. Les affaires se débattent publiquement dans un local
particulier, analogue au *colta* des Cafres. Les témoins sont cités et
c'est un juge héréditaire qui prononce la sentence. Les Malinkés
n'écrivent pas leur langue, c'est dire qu'ils sont absolument
illettrés. Tous sont habillés d'une étoffe tissée dans le pays et qu'ils
teignent eux-mêmes d'une couleur végétale jaune bistrée. Ils ne font
jamais un pas sans avoir à la main le fusil, arme qui a remplacé
l'arc et le carquois de leurs ancêtres. Ils tirent leurs armes et leur
poudre de la Gambie. Tous s'occupent de l'extraction de l'or ; les
contrées sont plus ou moins riches, mais il n'est pas un village du
Bambouk qui ne recueille de la terre aurifère dans les marigots ou
dans les puits de mine creusés à cet effet. Cette terre est ensuite
soumise au lavage, seul procédé employé et exclusivement réservé
aux femmes.

Dans cette société grossière, la femme n'est pas aussi maltraitée
qu'on pourrait le croire. Il est vrai que l'homme achète aux parents
la jeune fille pour des jarres de vin de palme ou des étoffes, et qu'une
fois l'affaire conclue, il l'emporte avec l'aide de ses amis ; cela
ressemble beaucoup à un mariage par capture et les formalités de
l'union conjugale se bornent là. Mais une fois mariée, la femme a

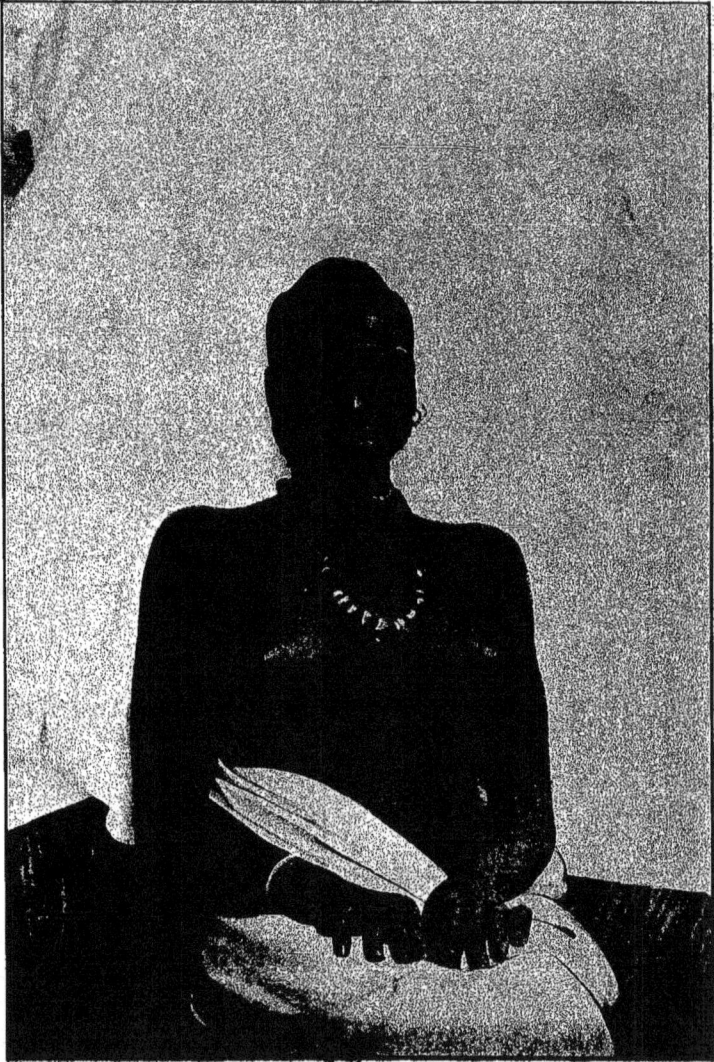

FEMME MALINKÉ
(Sénégal).

voix consultative dans le ménage; le mari, s'il est riche, donne en douaire à sa femme des femmes esclaves, des objets de toilette, des mortiers et des pierres pour écraser le grain. Dans toute la Sénégambie et dans beaucoup de pays environnants, la locution : « Frappe-moi, mais ne maudis pas ta mère » est commune à tout le monde, ce qui démontre chez ces nègres un certain respect de la femme. Elle n'en est pas moins astreinte aux travaux les plus rudes : c'est elle qui doit cultiver le sol, porter les fardeaux et soigner le bétail; elle n'est jamais admise à l'honneur de manger avec son mari et doit lui tenir l'étrier quand il monte à cheval.

Juive d'Alger

L A ville d'Alger est bâtie en amphithéâtre sur les dernières pentes du Sahel; resserrée dans un espace étroit, elle s'offre tout entière aux regards, au fond de sa baie riante, avec son port à ses pieds, son monumental boulevard bordé d'arcades, ses rues montantes où s'étagent les terrasses mauresques.

Alger se compose de deux quartiers distincts, la ville européenne et la ville arabe, celle dont les escaliers et les ruelles aux lacis inextricables montent jusqu'à la Kasba. Ce qu'il y a de plus intéressant à Alger, c'est la population avec son infinie variété de types, de costumes, de mœurs, de langages. On peut la diviser en trois groupes d'importance numérique presque égale : les Français, les étrangers, les indigènes musulmans et israélites. Ce dernier groupe a élu domicile principalement autour de la Kasba et dans la rue de la Lyre, quartier très commerçant. Le samedi, on voit les familles juives se promener gravement sous les palmiers du jardin Marengo; ce jour-là, suivant les prescriptions de la loi mosaïque, tout commerce est suspendu, les étalages disparaissent, les comptoirs et les boutiques chôment; il n'est même pas permis aux ménagères d'allumer du feu pour faire cuire les aliments qui doivent être préparés dès la veille. Généralement grands et bien faits, les Juifs se reconnaissent aisé-

JUIVE D'ALGER

ment à leur nez busqué, à leur visage ovale et à leur barbe bien
fournie. Beaucoup d'entre eux ont conservé le costume traditionnel,
avec cette différence qu'ils préfèrent les couleurs sombres, portent
le turban noir et remplacent par les bas chinés et les souliers à
lacets les chaussettes et les babouches. On rencontre aussi très
fréquemment des Juifs vêtus à l'européenne.

Quant aux Juives d'Algérie, leur réputation de beauté n'est qu'en
partie méritée; sans doute, il en est de très jolies, mais la véritable
beauté plastique est, là comme ailleurs, assez rare, d'autant que,
sujettes à des ophtalmies granuleuses qui les obligent à lever la tête
et à cligner les yeux, elles contractent une attitude et un cillement
de paupières pour ainsi dire caractéristiques. Leurs yeux, abrités
sous de longs cils, brillent néanmoins d'un vif éclat; leur teint, d'un
blanc mat, est agréable à voir, surtout dans un pays où toutes les
femmes se voilent le visage, enfin, leur démarche un peu noncha-
lante ne manque pas de grâce, tant que l'âge ne leur a pas rendu la
taille massive.

Plus encore que les Juifs, les femmes et les jeunes filles juives
ont une tendance à abandonner le costume traditionnel pour
adopter les modes françaises.

Les couleurs voyantes et claires semblent leurs préférées, aussi
les voit-on souvent vêtues de robes de soie mauve, lilas ou verte. Un
grand nombre cependant restent fidèles à l'ancien costume, et il faut
les en féliciter, car il fait admirablement valoir leurs attraits. Elles
ne se coiffent plus du pittoresque *sarma*, espèce de pyramide en
filigrane que recouvrait un voile de gaze descendant jusqu'aux pieds,
et qui les faisait ressembler à ces dames du moyen âge qu'on voit
dans les anciennes estampes, mais leur coiffure n'en est pas moins
pittoresque : elle se compose d'un foulard de soie noire, serré sur
le front de manière à cacher entièrement les cheveux aplatis, et par-
dessus d'un autre foulard de soie plus long, à broderies d'or ou

d'argent, dont les deux pointes et les effilés flottent derrière leur
tête. Sur leurs épaules, elles attachent un châle de crêpe de Chine
blanc. Comme robes, elles ont un large fourreau de soie aux couleurs
vives, à peine rétréci à la taille et garni de galons. Sur la poitrine,
un riche plastron, aux dessins variés, fait miroiter sous les feux du
soleil ses étincelantes broderies. Parfois même, les Juives élégantes
ne craignent pas d'arborer dans les rues des robes de brocart, brochées
d'or. Elles se chaussent de souliers de satin blanc et aiment à se
parer d'une quantité de bijoux, suivant le goût mauresque, tels que
colliers d'or, d'argent et de pierreries, anneaux et pendants d'oreilles,
bagues de toutes les formes, etc.

  A Bou-Saâda, les Juives ont adopté, dit-on, le costume arabe ;
moins chargées d'ornements qu'ailleurs, elles sont tatouées et entre-
lacent des tresses volumineuses à leurs propres cheveux. On les dit
assez jolies, quoique leur teint soit bistré.

Femmes du Japon

D E toutes les les nations vivant en dehors de l'Europe, du Nouveau Monde, de l'Australie, dit Élisée Reclus, les Japonais sont les seuls qui aient accueilli de plein gré la civilisation de l'Occident et qui cherchent à s'en appliquer toutes les conquêtes matérielles et morales. Ils n'ont pas eu comme tant d'autres le malheur de perdre leur indépendance et la force ne leur a point imposé les mœurs d'une nation victorieuse ; l'ascendant d'une religion étrangère ne les a pas non plus groupés comme un troupeau sous les lois de leurs convertisseurs. Libres politiquement et religieusement, c'est en qualité de disciples volontaires et non de sujets qu'ils entrent dans le monde européen pour lui emprunter ses idées et ses mœurs.

Ces paroles sont, plus que jamais aujourd'hui, confirmées par les événements ; une récente guerre a fait éclater la vitalité militaire et politique du Japon qui de jour en jour prend en Asie une place plus prépondérante et s'ouvre plus largement à la civilisation.

Les Japonais, sans être précisément disproportionnés, ont en général la tête grosse, un peu enfoncée dans les épaules, la poitrine large, le buste allongé, les hanches charnues, les jambes grêles et courtes, les pieds petits, les mains fines et souvent remarquablement belles. L'effet général de la tête n'est pas celui du type chinois ou mongol, il semblerait se rapprocher davantage de celui des indigènes de la Sonde ; d'après le docteur Mohnike, la tête du Japonais est celle de la race tourane. Toute la population japonaise, sans exception, a la chevelure lisse, épaisse et d'un noir d'ébène ; le brun olivâtre est la nuance dominante du teint chez les hommes ; chez les femmes le teint est généralement plus clair ; dans les hautes classes on voit beaucoup de femmes parfaitement blanches, les dames de l'aristocratie estimant que le blanc mat est le teint de la distinction. Deux traits de race indélébiles les séparent cependant du type européen : ce sont les yeux bridés et une certaine dépression de la poitrine que l'on remarque même chez les personnes à la fleur de l'âge et les plus favorisées de la nature. Hommes et femmes ont les dents blanches, saines, séparées par des interstices réguliers et quelque peu proéminentes. La coutume veut que les femmes mariées se les noircissent au noir d'ébène.

L'art du maquillage a dit son dernier mot au Japon, la femme japonaise a du fard blanc pour son cou, ses bras et sa figure ; du rouge pour sa bouche et pour ses joues ; elle teint ses yeux de noir et sur ses lèvres elle répand une teinte dorée. La femme des basses classes elle-même apporte à sa chevelure un soin minutieux. Elle en fait un échafaudage si compliqué, si laborieusement construit que la même coiffure peut lui servir pendant plusieurs jours. L'élégante du grand monde insère dans sa chevelure soigneusement huilée et parfumée des bandes de crêpe écarlate et de grosses épingles en écaille à tête de corail.

Il est à peine besoin de décrire le costume des Japonaises qu'ont popularisé tant d'images, de paravents et de parasols ; disons seulement qu'elles portent un long vêtement appelé *kimono* qui a l'ampleur bouffante d'une robe de chambre et qu'une ceinture (obi) leur attache à la taille. Cette ceinture est de coton ou de soie richement brodée, suivant les conditions : les manches de la robe larges et pendantes jouent le rôle de poches ainsi que la ceinture, où les fumeuses, très nombreuses au Japon, portent leurs pipes dans un petit étui de velours à côté du portefeuille contenant les baguettes dont elles se servent pour manger.

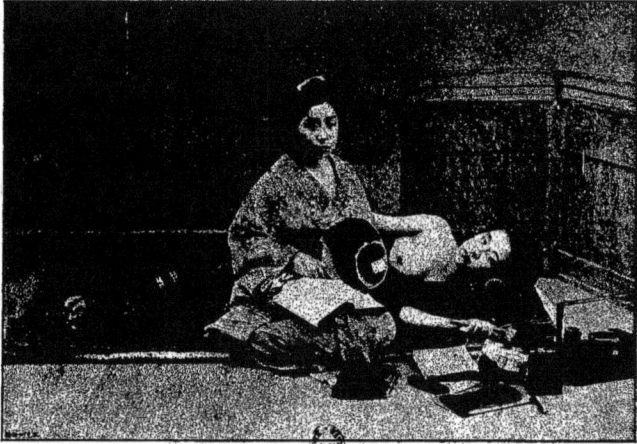

FEMMES DU JAPON
(Scène d'intérieur)

Le vêtement de dessous est une longue camisole de coton; quant à la chemise on s'en dispense volontiers, les deux sexes trouvent l'usage du linge superflu, puisqu'ils se baignent tous les jours. La chaussure la plus commune est en bois (geta), mais n'a aucune ressemblance avec nos sabots, c'est une planchette horizontale, soutenue par deux autres verticales. Avec un pareil attirail, les promeneuses ressemblent singulièrement à la gent échassière; il existe aussi des sandales en paille de riz qui sont fixées par un cordon au gros orteil. L'usage exige qu'on ne franchisse jamais le seuil d'un appartement sans enlever ses chaussures.

Arrivons maintenant à la condition sociale de la femme: en aucun pays de l'Asie elle n'est peut-être meilleure qu'au Japon bien qu'elle soit encore loin d'être satisfaisante. La philosophie de Confucius et la religion de Bouddha s'accordent à merveille pour ne lui reconnaitre que des devoirs et non des droits.

Le Japon ancien, qui a reçu de la Chine toute sa civilisation, garda jusqu'à la fin de son âge féodal le mariage chinois despotiquement décidé par les parents; peu à peu cependant la sujétion féminine s'est relâchée et aujourd'hui la jeune fille japonaise a voix au chapitre quand il s'agit de choisir un mari. En cas d'adultère de la femme le mari japonais a toujours le droit de la tuer avec son complice, mais, agréable perspective pour l'amant, il n'a pas le droit de tuer un des coupables et d'épargner l'autre. Avant le mariage, les filles du peuple jouissent d'une grande liberté de mœurs; il arrive même fréquemment que des parents pauvres louent leurs filles pour un service de quelques années dans le quartier de la ville réservé aux prostituées.

Loin d'être méprisée, cette profession de prostituée, quand elle est exercée par une jeune fille belle et instruite, est des plus considérées au Japon et servirait plutôt à son établissement à l'expiration de son bail. Les concubines sont d'ordinaires nombreuses dans la demeure

du riche Japonais ; il les adjoint à sa femme en daignant parfois la
consulter sur le choix de ces perles qu'il juge bon d'ajouter au trésor
de ses félicités domestiques. Nous trouvons dans une relation de
M. Aimé Humbert la peinture curieuse du mariage tel qu'il est
célébré au Japon. D'après lui, la plupart des mariages japonais sont
le résultat d'arrangements de famille, préparés de longue date. La
fiancée n'apporte pas de dot, mais on lui fait un trousseau dont
mainte dame d'un rang supérieur pourrait s'accommoder. L'on exige
d'ailleurs de sa part un caractère doux et paisible, une instruction
appropriée à son sexe et toutes les dispositions d'une bonne ménagère. Les considérations d'intérêt pécuniaire ne viennent qu'en
seconde ligne et donnent lieu plutôt à des combinaisons d'affaires
qu'à des marchés d'argent. Les noces japonaises sont précédées d'une
cérémonie de fiançailles qui réunit les principaux membres des deux
familles et dans laquelle il n'est pas rare que les futurs époux
apprennent pour la première fois les projets que leurs parents ont
formés à leur égard. A dater de ce moment, on leur fournit l'occasion de se voir ; les visites, les invitations, les présents se succèdent
avec tant de charme que bientôt les deux jeunes époux ne peuvent
assez se féliciter de l'avenir qui leur est promis. La noce a lieu
généralement quand le fiancé atteint sa vingtième année et que sa
compagne approche de la seizième. De grand matin, on transporte
au domicile de l'épouse le trousseau de la jeune fille ; c'est aussi là
que les images des dieux et des saints patrons des deux familles sont
suspendues pour la circonstance devant un autel domestique orné
de fleurs et chargé d'offrandes. Les aquariums s'enrichissent de
plantes variées dont les groupes pittoresques présentent une signi-
fication symbolique. Des tables de laque supportent des cèdres
nains et des figurines personnifiant le premier couple, accompagné
de ses vénérables attributs, la grue et la tortue centenaire.

Enfin, pour compléter le tableau par une leçon de morale et de

JEUNES FILLES DU JAPON

patriotisme, on mêle aux cadeaux de la fête quelques paquets de fucus comestible, de moules et de poisson séché qui rappelleront au jeune ménage la nourriture primitive et la simplicité des mœurs des anciens habitants du Japon.

Vers le milieu du jour, un splendide cortège envahit les salles ainsi préparées : la jeune épouse, vêtue et voilée de blanc, s'avance escortée de deux amies de noce et suivie d'une foule de proches, de voisins et d'amis en costumes de cérémonie éclatants de brocart, d'écarlate, de gaze et de broderies. Les deux amies de noce font les honneurs, distribuent les places, ordonnent les apprêts de la collation et voltigent d'un groupe à l'autre comme l'exige le rôle qui leur est assigné. On les surnomme le papillon mâle et le papillon femelle. Il faut que dans la coupe et les broderies de leurs robes de crêpe et de gaze, elles personnifient le couple charmant dont la nature, suivant l'opinion populaire, a fait l'emblème de la félicité conjugale. Un symbolisme touchant ressort de la cérémonie décisive qui remplace pour les deux époux notre oui sacramentel. Parmi les objets étalés au milieu du cercle des conviés, on remarque un vase en métal, de la forme d'un puisoir muni de deux goulots. Cet ustensile est élégamment orné de bandelettes en papier de couleur. Au signal convenu, l'une des dames d'honneur le remplit de *saki*; l'autre le prend par le manche, l'élève à la hauteur de la bouche des deux époux agenouillés et y fait boire alternativement l'époux et l'épouse, chacun au goulot qui est placé devant ses lèvres jusqu'à ce que le vase soit vidé. C'est ainsi que mari et femme, ils devront épuiser ensemble la coupe de la vie conjugale ; chacun y boira de son côté, mais tous deux y goûteront la même ambroisie ou le même fiel ; tous deux partageront également les peines et les afflictions, aussi bien que les joies de cette nouvelle existence.

Les coutumes du nouvel an, dont M. Humbert a été témoin à Yedo, ne sont pas moins curieuses ; nous nous contenterons d'en rapporter deux parce qu'elles nous semblent bien caractériser la vie domestique japonaise. Dans la plupart des ménages bourgeois, on pratique la cérémonie de l'*oni-arahi*, l'exorcisme du malin esprit, et c'est exclusivement l'affaire du chef de la maison. Vêtu de ses plus riches habits et le sabre à la ceinture, s'il a le droit d'en porter un, le père de famille parcourt à l'heure de minuit tous ses appartements, portant de la main gauche sur un guéridon de laque une boîte de fèves rôties. Il y puise de la main droite et par petites poignées, jette çà et là de ces fèves sur les nattes, en prononçant à haute voix une formule cabalistique dont le sens revient à dire : « Sortez, démons ! entrez, richesses ! » Après les exorcismes, voici les souhaits et les cadeaux dans la demeure purifiée. Au lever du soleil, tout le monde est debout : hommes, femmes et enfants ont revêtu leurs costumes de fête. L'épouse a déposé sur les nattes du salon les étrennes qu'elle offre à son mari. Aussitôt qu'il se présente, elle se prosterne à trois reprises, puis, se relevant à demi, elle lui adresse son compliment, le corps penché en avant et appuyé sur les poignets et sur les paumes de ses mains, dont les doigts restent allongés dans la direction des genoux. La pose n'est pas des plus gracieuses, mais ainsi le veut la civilité japonaise. L'époux, de son côté, s'accroupit en face de sa compagne, les mains pendantes sur les genoux jusqu'à toucher le sol du bout des doigts. Inclinant légèrement la tête, comme pour prêter d'autant mieux l'oreille, il témoigne de temps en temps son approbation par quelques sons gutturaux, entrecoupés d'un long soupir ou d'un sifflement étouffé. Madame ayant fini, à son tour il prend la parole et de part et d'autre on échange solennellement les cadeaux. Vient ensuite le tour des enfants, puis celui des grands parents. Enfin, l'on déjeune en commun et le reste de la matinée se passe à recevoir et à faire des visites.

Amazones du Dahomey

Nous voici au Dahomey, ce royaume nègre de la Guinée orientale où nos armes ont triomphé récemment. La population de cette contrée présente deux types nègres bien différents : le type inférieur caractérisé par l'extrême laideur physique et le degré le plus bas du développement intellectuel et le type qui se rapproche davantage des races nobles par un profil presque européen et de plus hautes aptitudes intellectuelles et morales. Tous cependant par leurs cheveux laineux et d'autres particularités de race se rattachent d'une manière indiscutable à la grande famille africaine. La forme du gouvernement du Dahomey est la monarchie dans ce qu'elle a de plus absolu. Les sujets les plus élevés en dignité ne sont devant le roi que ses premiers esclaves dont il peut d'un signe faire tomber la tête. Une singulière coutume du pays serait de remplacer à sa mort la mère du roi, d'un ministre ou d'un chef influent par une autre personne qui prend le titre et le rang de la défunte. Aussi est-il arrivé qu'on vous présente comme la mère du roi, qui n'avait alors pas moins de 75 ans, une femme qui n'en avait pas 40. On appelle *cabécères* (chefs) les grands du pays : les insignes du cabécériat sont les bracelets d'argent, le parasol, le tabouret et les colliers de corail.

4

Les femmes du Dahomey sont généralement bien faites et de figure agréable ; les yeux sont beaux, les mains petites, la peau est d'un grain très fin. Une grande pièce d'étoffe de soie ou de coton leur sert de vêtement, des bracelets d'or, d'argent ou de cuivre enserrent leurs jambes et leurs bras, au cou elles portent des colliers de verroterie et d'ambre et aux oreilles des anneaux pesants. L'habitude du tatouage est peu répandu au Dahomey, il est remplacé par des peintures rouges ou blanches pratiquées sur le visage et plus souvent sur les jambes. L'autorité du chef de la famille est si absolue qu'il a le droit de la vendre comme esclave ; aux femmes incombent tous les soins du ménage et les durs travaux. Elles doivent présenter à genoux les aliments qu'elles ont préparés et ne sont jamais admises à les partager avec leur maître et seigneur. Une classe de femmes absolument à part parmi les habitantes du Dahomey, c'est le corps des *amazones* qui formaient la garde du roi. Les amazones logeaient dans le palais du roi qui les entretenait richement, presque à l'égal des pensionnaires de son harem. Quelques-unes chassaient les éléphants ; toutes en cas de guerre prenaient les armes et donnaient parfois aux hommes des exemples d'une rare intrépidité.

Nous résumons ici la fête publique dont fut témoin le Dr Répin à Abomey : Au nombre de quatre mille environ, mieux armées et plus uniformément vêtues que les hommes, les amazones formaient plusieurs corps distincts. Le premier, de beaucoup le plus nombreux, avait pour costume une chemise bleue et un caleçon blanc à rayures bleues descendant au-dessus du genou. Les armes étaient un fusil de traite et un sabre court, presque droit, à fourreau de cuir historié d'ornements en cuivre dont la poignée sans garde était recouverte de peau de requin ; ce sabre était suspendu à leur épaule par une lanière de cuir diversement découpée et ornée de cauris ou de dessins de couleur rouge. Leur poudre, distribuée en cartouches

AMAZONE DU DAHOMEY

faites avec des feuilles de bananier, était renfermée dans des cartou-
chières à compartiments ; enfin une multitude de grigris et d'amulettes de toutes espèces étaient suspendus à leur cou. Le deuxième
corps, formé de chasseresses d'éléphants, comptait quatre cents
femmes environ. Leur haute stature, leur costume entièrement
brun, leurs longues et lourdes carabines au canon noirci donnaient
à ces hardies guerrières une tournure singulièrement martiale. Elles
portaient pour coiffure un cercle de fer avec deux cornes d'anti-
lope. Le troisième corps, composé de deux cents amazones seulement, avait pour arme un court et large tromblon et pour costume
une tunique mi-partie bleue et rouge comme certains costumes
moyen âge. Enfin venait à l'arrière-garde un léger et charmant
bataillon de jeunes filles armées seulement d'arcs et de flèches
avec l'uniforme blanc et le bonnet de même couleur. Ce sont
les recrues de l'armée des amazones; on les choisit parmi les jeunes
filles vierges des meilleures familles du royaume et elles payent de
leur vie l'oubli du vœu de chasteté qu'elles font en entrant dans la
garde du roi.

Ces divers corps réunis, dit le narrateur, formant un total
d'environ quatre mille femmes défilèrent en assez bon ordre devant
nous. Tout à coup, la générale en chef, reconnaissable aux queues
de cheval pendues à sa ceinture, donne le signal : qu'on se figure
alors sous un ciel de feu, au milieu d'un tourbillon de poussière et
de fumée, du pétillement de la mousqueterie et du grondement du
canon, ces quatre mille femmes haletantes, enivrées de poudre et
de bruit, s'agitant convulsivement avec des contorsions de damnées
en poussant les cris les plus sauvages. Enfin, quand tout fut épuisé,
les munitions et les forces, l'ordre et le silence se rétablirent peu à
peu ; les amazones, reprenant leurs rangs, vinrent se placer à la droite
du roi. A ces scènes guerrières succédèrent des tableaux plus riants.
Les jeunes amazones, armées d'arc, vinrent se ranger devant nous

4.

et, conduites par une des plus jolies d'entre elles, exécutèrent en chantant une danse guerrière, tenant d'une main leur arc et de l'autre une flèche. Rien de plus gracieux, conclut l'explorateur émerveillé, qui songe aux vieux airs bretons, en entendant ces chants d'une monotone douceur et croit avoir devant les yeux, au lieu des noires enfants du Dahomey, les belles filles de l'antique Grèce ou de la riante Asie.

Ces êtres, à la fois virilisés et voluptueux, sont bien faits pour troubler notre jugement. Nous ne déciderons pas s'ils étaient heureux au milieu de ce peuple barbare et sanguinaire que notre influence civilise de jour en jour, et sur lequel ils régnaient comme un corps d'élite dont l'unique occupation était la danse, la chasse et la guerre.

Femme Fellah

Abordons en Égypte, le pays déchu des Pharaons. La race à coup sûr la plus intéressante et la plus sacrifiée en Égypte est celle des *Fellahs*. Le costume indigène n'est porté à proprement parler que par le Fellah. Sa coiffure est une sorte de calotte en feutre ou en cotonnade, son vêtement un long sarrau teint en indigo par-dessus une chemise et un caleçon de coton blanc. Son habitation n'a pas varié depuis l'antiquité ; c'est toujours la même petite maison construite en pisé ou en briques, le même ameublement primitif se composant de quelques coffres et de nattes d'alfa et de bancs de terre ou de bois.

Le Fellah passe sa vie au plein air, il part le matin cultiver son champ avec la *chadouf* ou charrue et ne revient qu'à la nuit tombante.

La femme fellah est une gracieuse créature d'une rare perfection de formes, le teint est légèrement bronzé, le front étroit et bas, l'œil noir et expressif, les jambes élégantes quoiqu'un peu grêles et le pied petit. La paysanne est vêtue d'une sorte de chemise de coton bleu et ne se voile pas le visage, on distingue sans peine le maquillage au kohol de ses sourcils, le tatouage à l'indigo de son front et de son menton, sa robe d'indienne serrée au-dessous des seins, les colliers et les verroteries de Venise qui complètent sa parure. A la maison, elle vaque à tous les soins du ménage, cuit les aliments, fait le pain de dourah, coud les vêtements, s'occupe du bétail.

La femme de condition aisée ou surtout la citadine n'affronte pas aussi volontiers les regards de l'étranger, elle se drape mystérieusement dans un ample *yabrah* de soie noire qui l'enveloppe des pieds à la tête, un voile étroit et long, noir ou blanc, uni ou brodé, attaché au-dessus des oreilles et retombant jusqu'aux pieds, ne laisse paraître que les yeux dont l'éclat est encore avivé par un ingénieux maquillage. Pour cette classe de femmes il est aussi du meilleur ton de cacher dans les plis du voile les doigts barbouillés de henné.

Le souci de la parure est très grand chez les Fellahs. Il faut qu'une femme soit bien misérable pour ne pas porter un diadème, un collier de perles vraies ou fausses, de sequins ou de disques dorés, toute la fortune de la famille est destinée à l'embellir. Curieuse particularité, la plupart des enfants sont malingres et moroses, ils ont l'œil terne, la peau blafarde, le ventre ballonné, mais ceux d'entre eux qui résistent au carreau et aux autres maladies deviennent beaux et forts, on s'étonne que de superbes jeunes gens, d'admirables filles aient pu grandir dans les cabanes boueuses des villages. La vie des Fellahs n'est pas matériellement plus malheureuse que celle de nos ouvriers des campagnes ; leur caractère est plutôt gai que mélancolique et les circoncisions, les mariages sont des fêtes où tout le village est invité, leurs *fantasias*, leurs chants et leurs danses respirent la joie spontanée, instinctive des nègres. Mais le premier, l'unique amour du Fellah, c'est la paix et dans aucun pays du monde on ne voyait sous le régime de la conscription d'exemples plus fréquents de mutilés volontaires, borgnes, boiteux ou manchots.

On l'a dit avec raison : « Avec tout ce qui peut rendre l'existence aimable, il manque aux Fellahs le sentiment des droits et des devoirs, ce quelque chose qui fait l'homme libre et le citoyen ; chacun d'eux aime son hameau, sa maison, mais l'Égyte n'est pas une nation,

FEMME FELLAH

une patrie. Cet abaissement de l'espèce humaine, si douloureux à voir, étonne au premier abord, toutefois si l'on réfléchit à la désorganisation profonde de l'Égypte sous la dynastie grecque et la domination romaine, enfin à l'antique loi des castes qui condamnait la masse du peuple à l'esclavage de la glèbe, on comprend que l'esprit du Fellah, atrophié déjà sous les Pharaons, ahuri sous les Romains, tué par le fatalisme musulman, résiste longtemps aux tendances intelligentes du gouvernement égyptien. Depuis la conquête arabe, la terre a été légalement la propriété des sultans, des émirs et des beys ; ce qui existait chez nous en principe dans le monde féodal, fut rigoureusement appliqué en Égypte. Toute la moisson des Fellahs passait, sauf le strict nécessaire, dans le grenier du maître ; aujourd'hui le gouvernement a renoncé au monopole, il a transformé les impôts arbitraires en impôts réguliers et assure aux paysans la libre transmission du champ qu'ils ont arrosé de leurs sueurs. Mais ce n'est pas en un jour que s'effacera l'empreinte terrible du servage passé. »

Femme Peau-Rouge

LES *Peaux-Rouges*, ainsi nommés à cause de la couleur de
leur peau qu'ils teignent pour la plupart avec de la terre rouge,
sont ces Indiens modernes de l'Amérique du Nord, dont Cooper
nous a fait tant de descriptions pittoresques que les récits des
voyageurs sont venus confirmer. C'est une grande race qui se
divise en quantité de familles répandues depuis les côtes de l'Océan
glacial jusqu'aux frontières du Mexique. Toutes ces familles ont
pour caractère commun leur manière de vivre : essentiellement
nomades, elles vivent des produits de leur pêche et de leur chasse.
Ces Indiens sont d'une taille plus élevée que les autres Américains
du Nord ; leurs cheveux noirs sont épais et très longs, leurs lèvres
minces, leur nez légèrement recourbé, leurs regards ont une certaine gravité dans l'impression. La plupart ont renoncé sous
l'influence des *Visages Pâles* aux tatouages étranges dont ils étaient
autrefois couverts. S'ils ont encore des peaux de bêtes pour vêtements, beaucoup ont adopté les tissus de l'Europe ; comme
chaussures ils portent le mocassin.

Les tribus de Peaux-Rouges se divisent d'ordinaire en plusieurs
clans ayant chacun leur blason, leur *totem* et le mariage est habi-.
tuellement interdit entre gens ayant le même *totem*. Cette coutume (exogamie), déjà notée par Charlevoix, a été depuis constatée

FEMME PEAU ROUGE

par nombre de voyageurs. D'après le Dr Bertillon les enfants
obtenus de ces mariages consanguins se regardent naturellement
comme frères et non comme cousins ; bien plus, les mères appellent
indistinctement fils leurs propres enfants et ceux de leurs sœurs et
des autres femmes de leur mari. Il y a même des tribus où la
langue ne semble pas distinguer les enfants des neveux comme si à
une époque antérieure toute une famille avait épousé à la fois toute
une autre famille. Cette exogamie, aggravée de polygamie con-
sanguine, ne serait autre chose, si nous en croyons les sociologistes,
qu'une réminiscence de l'enlèvement des temps primitifs où les
guerriers allaient chercher leurs femmes les armes à la main, chez
les tribus voisines. Au Canada, il est d'usage que le mari porte sa
femme jusqu'à sa tente, au milieu des cris et des acclamations,
dès que son mariage a reçu l'approbation du chef de la tribu ; c'est
d'ailleurs le seul caractère officiel de cette union et il est exceptionnel,
car presque partout elle se contracte sans aucun cérémonial et ne
reçoit aucune consécration.

La polygamie est pratiquée par la grande majorité des Peaux-
Rouges. Il est même des tribus, chez les Apaches par exemple, où
l'homme est d'autant plus honoré qu'il a plus de femmes. Chez les
Indiens de la Californie, la polygamie devient de la promiscuité ;
on s'accouple sans aucune formalité, on se quitte de même. Une
femme n'est considérée comme infidèle que si elle prend ses amants
dans une autre horde. Au Colorado et au Nouveau-Mexique au
contraire, la monogamie règne et l'on punit l'adultère. Les femmes
sont demandées en mariage dès l'âge de dix ou douze ans ; le mari
doit acheter sa femme ; s'il est hors d'état de la payer, il contracte
alors un mariage par servitude, en se mettant au service des parents
de sa future. Une fois marié, le Peau-Rouge est investi de l'autorité la plus absolue. Il peut à son gré, et sous le plus futile prétexte,
renvoyer sa femme à ses parents, mais par contre, il doit être en

mesure, s'il la conserve, de la défendre envers et contre tous. On cite des tribus où le vainqueur d'un pugilat s'adjuge la femme qu'il désire et qui est accordée au plus adroit ou au plus robuste. L'exogamie n'est pas absolue dans les mariages ; ainsi, un homme est obligé d'épouser la veuve de son frère et les Chippeouays épousent souvent leurs sœurs et leurs filles, parfois même cohabitent avec leur mère. La chasteté de la femme peau-rouge ne lui est imposée qu'à titre d'esclave. Selon Hearne, deux amis alyonquins troquent volontiers leurs femmes pour une nuit et Corner nous apprend que, chez les Naudowessies, une femme libre s'honore, en se donnant, après un festin, à tous les principaux guerriers de la tribu et qu'un pareil exploit assure toujours à celle qui l'a accompli un mari de haut rang.

Les Peaux-Rouges, quoique portés aux actes sanguinaires (on connaît la coutume barbare du scalp), témoignent à leurs enfants une certaine affection. On cite cependant plusieurs tribus qui ne craignent pas de faire souffrir leurs jeunes enfants pour leur aplatir le front (d'où le nom de Tête-Plates, nom d'une tribu indienne) ; d'autres même vont jusqu'à enterrer le nourrisson vivant avec le cadavre de la mère qui l'allaitait, « pour l'empêcher de mourir de faim », disent-ils.

La femme peau-rouge doit absolument tout faire pendant que son mari passe son temps à boire, à manger, à chasser, à fumer le calumet. Elle sait tanner les peaux de buffles en se servant de la cervelle même de l'animal, elle construit elle-même sa hutte et fabrique sa vaisselle avec de l'argile.

FEMMES DE NOUMÉA

Femmes de Nouméa

(NOUVELLE-CALÉDONIE)

L A Nouvelle-Calédonie est une grande île montagneuse traversée de nombreux cours d'eau, située presque à égale distance des deux grandes terres océaniennes, la Nouvelle-Zélande et la Nouvelle-Hollande. Son climat est un des plus sains que l'on connaisse. Le cœur de notre belle colonie est Nouméa, capitale modeste d'abord, mais qui lentement s'est développée et possède maintenant de belles routes, des rues spacieuses, un hôpital, des casernes, des squares, et même un hippodrome. Tcut cela s'est fait peu à peu par l'effort combiné des transportés de l'île Nou et de quelques Français, malgré les insurrections et les cyclones dont on connaît les effets dévastateurs.

Les indigènes, ou *Canaques* de la Nouvelle-Calédonie, ne sont pas tous de la même couleur. Certains sont cuivrés, d'autres sont marron foncé, d'autres sont noirs. Ils ont de grosses lèvres, une large bouche, un nez épaté et tous des cheveux crépus. Quelques-uns ont cependant le nez européen et la bouche moyenne, ce sont les plus intelligents ; ceux de la couleur cuivrée sont aussi supérieurs aux autres sous ce rapport. Au contraire de l'homme la femme ou *popinée* est d'ordinaire laide, rabougrie, chétive, vieille à 25 ans, usée la plupart du temps par les maternités et l'esclavage. Pour donner une idée de la brutalité des mœurs, mentionnons simplement la manière dont on traite les femmes en couches en Nouvelle-Calédonie. Quand l'heure douloureuse est arrivée, la patiente s'accroupit les mains appuyées par terre et soutenue par des matrones seules spectatrices. Quant aux procédés d'obstétrique, ils sont, au dire du Dr Legrand, des plus simples, mais aussi des moins délicats. On tambourine de la main sur le ventre de la patiente doucement et délicatement d'abord, plus vite et à grands coups de poing, voire même à coups de pied ensuite, si les choses traînent en longueur. Le tatouage n'est point général chez les naturels. Plus fréquent chez les femmes, il consiste souvent en quelques raies transversales tracées sur les joues et partant des commissures ou angles des lèvres. Il s'en trouve aussi qui portent sur le corps, sur les bras surtout des rangées de petites tumeurs gaufrées, faites à l'aide de petits moxas, c'est-à-dire de brins d'herbe fixés dans la peau et allumés ensuite.

Les femmes canaques vivent volontiers avec les étrangers d'une autre couleur et leur sont très dévoués, car leurs maris indigènes les font travailler durement et ne leur laissent rien posséder en propre.

Il est à regretter que ce croisement soit plus restreint qu'il ne faudrait pour le bien de la colonie, à cause du manque de bonne foi de certains Européens, qui, après avoir vécu pendant des années avec des femmes indigènes, les abandonnent elles et les enfants qu'ils en ont eus. De là une grande méfiance de la part des Canaques qui s'opposent de plus en plus à ce que les popinées quittent la tribu pour habiter avec les blancs. Dans les villages indigènes, la ménagère canaque a pour principale occupation de préparer les aliments qu'elle fait bouillir dans des marmites de fer sans utiliser l'huile ni aucun autre condiment que le sel. La base de l'alimentation de l'indigène néo-calédonien, c'est la patate, l'igname, le taro (moï) et surtout la banane qui joue en quelque sorte le rôle de blé. Les Canaques mangent les bananes bouillies et en consomment de grandes quantités. Vertes, elles leur servent d'abortif, d'où l'expression : « Elle a mangé la banane » pour dire d'une femme qu'elle s'est fait avorter.

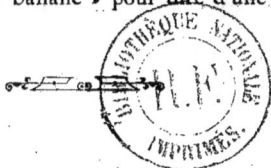

Les femmes du Monde

Races & Coutumes Moeurs. Parures.

Fascicule 2

Les Femmes à travers le Monde

RACES
COVTVMES
MOEVRS.
PARVRES.

Fascicule 3

Les Femmes à travers le Monde

Races ꝏ Covtvmes Moevrs. Parvres.

Barabandy.

Fascicule 4

" Les Femmes à travers le Monde "

PUBLICATION HEBDOMADAIRE

Prix : 30 centimes le Fascicule

Vente en gros: 142, rue Montmartre

N. B. — *Par suite de l'équivoque qui nous est signalée par de nombreux lecteurs au sujet du précédent titre " LES FEMMES DU MONDE", notre publication s'appellera désormais:* " LES FEMMES A TRAVERS LE MONDE "

E. CAURIER, gérant.   Imp. PAUL DUPONT.

" Les Femmes à travers le Monde "

PUBLICATION HEBDOMADAIRE

Prix : 30 centimes le Fascicule

Vente en gros : 142, rue Montmartre

N. B. — Par suite de l'équivoque qui nous est signalée par de nombreux lecteurs au sujet du précédent titre " LES FEMMES DU MONDE ", notre publication s'appellera désormais : " LES FEMMES A TRAVERS LE MONDE "

E. CAURIER, gérant.   Imp. PAUL DUPONT..

"Les Femmes du Monde"

PUBLICATION HEBDOMADAIRE

Prix : 30 centimes le Fascicule

Vente en gros : 142, rue Montmartre

E. CAURIER, gérant.   Imp. PAUL DUPONT.

www.ingramcontent.com/pod-product-compliance
Lightning Source LLC
Chambersburg PA
CBHW070854280326
41934CB00008B/1430